궁금해요, 장영실

초판 1쇄 발행 2016년 1월 11일 | 초판 8쇄 발행 2024년 11월 29일
글쓴이 안선모 | 그린이 백명식 | 사진 국립 고궁 박물관, 문화재청, 위키미디어 공용
펴낸이 홍석 | 이사 홍성우 | 편집부장 이정은 | 편집 조유진
디자인 권영은, 김영주 | 외주디자인 신영미 | 마케팅 이송희, 김민경 | 제작 홍보람 | 관리 최우리, 정원경, 조영행
펴낸곳 도서출판 풀빛 | 등록 1979년 3월 6일 제 2021-000055호
주소 서울특별시 강서구 양천로 583 우림블루나인 A동 21층 2110호
전화 02-363-5995(영업) 02-362-8900(편집) | 팩스 070-4275-0445
전자우편 kids@pulbit.co.kr | 홈페이지 www.pulbit.co.kr
블로그 blog.naver.com/pulbitbooks | 인스타그램 instagram.com/pulbitkids

ISBN 978-89-7474-500-4 74990
　　　 978-89-7474-499-1 (세트)

ⓒ 안선모, 백명식 2016

*책값은 뒤표지에 표시되어 있습니다.　　*파본이나 잘못된 책은 구입하신 곳에서 바꿔드립니다.

품명 아동 도서　　사용연령 8세 이상
제조국 대한민국　　제조년월 2024년 11월 29일
제조자명 도서출판 풀빛　　연락처 02-363-5995
주소 서울특별시 강서구 양천로 583 우림블루나인 A동 21층 2110호
주의사항 종이에 베이거나 긁히지 않도록 조심하세요.
　　　　책 모서리가 날카로우니 던지거나 떨어뜨리지 마세요.
KC마크는 이 제품이 공통안전기준에 적합하였음을 의미합니다.

저학년 첫 역사 인물 ①

세종 대왕이 아낀
조선의 천재 과학자

궁금해요, 장영실

안선모 글 | 백명식 그림

풀빛

작가의 말

불평하지 말기! 좌절하기 말기!
끝까지 해 보기!

20여 년 동안 아이들과 함께 놀고 함께 공부했습니다. 그러면서 다양한 성격의 아이들을 만났지요.

"내가 어떻게 저런 일을 할 수 있어!"

"왜 나한테 이런 일을 시키는 거지?"

불평하는 아이들이 있는가 하면,

"아, 나는 역시 못해."

"내 능력은 여기까지야."

쉽게 좌절하고 포기하는 아이들도 있습니다. 물론 주어진 일에 불평하지 않고, 좌절하지 않고 끝까지 해내는 아이들도 있었지요. 잘하고 못하고의 문제를 떠나서 끝까지 해내려는 의욕과 도전 의식을 가진 아이들은 참 기특하고 어여쁩니다.

이런 아이들이 바로 장영실 같은 아이들이지 싶습니다. 나중에 어떤 일이 닥쳐도 잘 해내겠다 싶어 흐뭇한 마음으로 바라보았지요.

이 책의 주인공 장영실을 보세요. 천민으로 태어나 관가의 노비로 들어갔지만 나중에는 어떻게 되었지요? 자기가 잘하는 일을 열심히 하여 여러 사람에게 인정을 받고 마침내 높은 벼슬에까지 올랐어요. 만약 장영실이 자신이 처한 환경을 탓하고 끝까지 하고 싶은 일을 하지 않았다면 어땠을까요? 아마도 장영실은 늙어서까지 노비 신세를 면치 못했을 겁니다.

장영실처럼 긍정적인 마음으로 내 앞에 놓인 일을 바라보아요.

불평하지 말기! 좌절하기 말기! 끝까지 해 보기!

이 말을 꼭 기억하면서요.

안선모

차례

작가의 말   4

하늘을 사랑한 아이   8

손재주가 뛰어난 노비   26

임금님의 부르심   44

천문학에 한 걸음 다가가다   56

발명으로 세상을 편리하게 하다   80

부서진 가마   100

부록 장영실의 위대한 발명품   108

하늘을 사랑한 아이

노루 꼬리처럼 짧은 해가 산 너머로 모습을 감추었습니다. 그러자 금세 칠흑 같은 어둠이 몰려왔습니다.

'오늘따라 어머니가 많이 늦으시네. 무슨 일이지?'

영실은 황급히 사립문을 나섰습니다. 밤길 오시는 어머니를 마중하기 위해서였습니다.

　관기(관가에 속해 있는 기생)인 어머니는 아침 일찍 집을 나서 저녁 무렵이 되어야 집에 돌아왔습니다. 그런데 오늘은 어둠이 내려앉은 지 여러 식경(밥을 먹을 정도의 시간)이 지났는데도 돌아오지 않았습니다.

　영실은 어둠을 헤치고 고샅길까지 나가 보았습니다. 한참을 서 있어도 사람의 그림자는 보이지 않았습니다. 홑바지 사이로 들어온 가을바람이 살갗 속을 파고들었습니다.

영실은 요즘 이 집 저 집 불려 다니느라 무척 바빴습니다. 고장 난 농기구나 헐거운 자물쇠, 떨어진 문갑 등 영실의 손에 닿기만 하면 요술처럼 고쳐졌기 때문입니다.

"어린 나이지만 영실이 손재주는 따라올 사람이 없어."

"맞아, 맞아! 열 살밖에 안 된 아이가 어떻게 그럴 수 있지?"

마을 사람들은 영실을 칭찬했습니다. 아이들도 영실과 놀고 싶어 안달이 났습니다. 영실이 만들어 준 팽이와 연은 다른 것들보다 더 튼튼하고 좋았기 때문이었습니다.

"아차!"

그때 번개처럼 아침에 집을 나가며 당부하던 어머니 말씀이 떠올랐습니다.

"영실아, 오늘은 다른 날보다 좀 늦을 게다. 그러니 어미 기다릴 생각일랑 말고 저녁 챙겨 먹어라."

영실은 터덜터덜 집으로 발걸음을 돌렸습니다. 어느 집에선가 웃음소리가 흘러나왔습니다. 고개를 들어 보니 집집마다 굴뚝에서 모락모락 연기가 피어올랐습니다.

집에 돌아온 영실은 툇마루에 걸터앉아 하늘을 바라보았습니다. 까만 하늘에 반짝이는 별들이 강물처럼 흐르고 있었습니다. 별을 보니 어슴푸레 옛날 일이 하나둘 떠올랐습니다.

다섯 살 즈음의 일이었습니다.
"영실아, 어미가 돌아올 때까지 기다릴 수 있지?"
영실은 마지못해 고개를 끄덕였습니다.

"우물가에서 배도 만들고 물레방아도 만들고 혼자 놀 수 있지?"

영실은 이번에는 힘차게 고개를 끄덕였습니다. 그러자 어머니의 얼굴이 환해졌습니다.

어머니가 잰걸음으로 사립문을 나서자, 영실은 흙으로 그릇도 만들고 동물도 만들었습니다. 그다음에는 나무로 팽이와 칼을 만들었습니다.

그때 저 멀리 아이들이 서당으로 몰려가는 것이 보였습니다.

"나도 서당에 다니고 싶다. 나도 글공부하고 싶어."

영실의 발걸음이 서당 쪽으로 향했습니다.

"하늘 천, 따 지, 검을 현……."

서당 안에서 글 읽는 아이들의 낭랑한 목소리가 들려왔습니다. 영실은 담 밑에 쪼그리고 앉아 나뭇가지로 아무렇게나 글자를 썼습니다. 한참 만에 글공부를 마친 아이들이 우르르 몰려나왔습니다.

"천것이 어디라고 여기 와서 얼씬거리느냐?"

"아비도 없는 기생의 자식인 주제에 공부는 해서 뭐 하게?"

 덩치 큰 아이가 영실에게 돌멩이를 던졌습니다. 영실은 깜짝 놀라 도망쳤습니다. 그러고는 집으로 돌아오자마자 울음을 터뜨렸습니다.
 "아가야, 무슨 일로 그리 구슬프게 우는 거냐?"
 할아버지 한 분이 담장 밖에서 걱정스러운 듯 영실을 쳐다보았습니다.
 "저는 아가가 아니에요. 제 이름은 영실이에요, 장영실!"
 영실은 울음을 그치고 할아버지를 바라보았습니다. 이제 보니 바로 얼마 전에 영실네 마을로 이사 온 할아버지였습니다.

"하하, 고 녀석! 아주 똘똘하구먼. 왜 그렇게 섧게 우는 거냐?"

영실은 대숲에서 혼자 놀 때 할아버지를 만난 적이 있었습니다. 그때는 허연 수염이 무서워 도망쳤습니다.

"서당에 다니고 싶어서 그래요."

영실이 울먹울먹 말하자 할아버지가 마당 안으로 성큼 들어서며 말했습니다.

"오호, 서당에 다니고 싶어서? 서당에 다닐 수 없다면 다닐 수 있도록 하면 되지!"

"어떻게 그래요? 우리 조선에는 신분 제도라는 게 있어서 저 같은 천한 집 자식들은 공부를 할 수 없대요."

영실의 말에 할아버지가 싱긋 웃으며 말했습니다.

"얘야, 아무리 그렇더라도 배우려는 뜻을 버려서는 안 된다."

여섯 살 즈음부터 영실은 부쩍 공부가 하고 싶어 안달을 부렸습니다. 그럴 때마다 어머니는 긴 한숨을 내쉬었습니다.

"너는 과거를 볼 수가 없단다. 공부한다는 것은 벼슬을 얻기 위해서가 아니겠니?"

"어머니! 전 벼슬 같은 건 바라지도 않아요. 그저 공부만 할 수 있었으면 좋겠어요."

"휴우, 공부는 아무나 하는 게 아니야."

어머니의 긴 한숨 끝에는 슬픔이 하나 가득 담겨 있었습니다.

그러던 어느 날, 대숲 양반 할아버지가 어머니를 찾아왔습니다.

"허허, 영실이 같이 똑똑한 아이는 처음 봅니다."

"똑똑하면 뭐 합니까? 기생의 아들로 태어났으니 결국 노비가 될 텐데요."

어머니의 한숨에 할아버지가 영실을 바라보며 말했습니다.

"영실아, 내일부터 서당에 가거라. 훈장에게 말해 놓았다."

영실은 그 말에 펄쩍펄쩍 뛰며 좋아했습니다.

"하지만 다른 아이들과 함께 한자리에서 공부할 수는 없단다."

"예, 괜찮아요! 그냥 서당에서 글 읽는 소리만 들어도 좋아요!"

그렇게 해서 영실은 서당에 다니게 되었습니다. 영실은 서당 안팎을 쓸고 닦으면서 아이들이 글 읽는 소리를 귀담아 들었습니다. 영실은 몇 달도 안 되어 천자문을 줄줄이 꿰었습니다.

그런 영실을 보며 훈장님이 안타까운 듯 말했습니다.

"천민으로 태어나지만 않았다면 큰 벼슬을 할 인물인데……. 하지만 영실아, 너는 어디를 가서 무슨 일을 하든 아주 훌륭하게 잘 해낼 거다."

"훈장님, 우리 같은 천민은 꿈도 꾸면 안 되나요?"

"너의 꿈은 무엇이더냐?"

"사람들을 위해 뭔가 새로운 걸 만들고 싶어요."

"무엇이 되고 싶다고 꿈꾸는 건 죄가 아니란다."

훈장님의 말을 듣고 영실은 더욱 더 열심히 공부했습니다.

일곱 살이 될 무렵부터 영실은 호기심이 많아졌습니다.

"해가 움직이는 것에 따라 그림자가 움직이고 그림자의 길이도 달라지는구나. 왜 그럴까?"

영실은 툇마루에 앉아서 볕이 차차 집 안으로 드는 것과 장대의 그림자가 변하는 모습을 관찰하면서 해의 움직임을 깨달았습니다.

해가 져서 캄캄해지면 별이 뜨기를 기다리며 밤하늘을 올려다보았습니다. 영실은 달이 점점 커져서 보름달이 되었다가 이지러지는 것을 보았습니다.

그뿐만 아니라 봄, 여름, 가을, 겨울의 별자리 모양과 변화도 관찰하고 날씨의 변화에도 관심을 가졌습니다.

바람의 방향과 구름의 모양도 자세히 관찰하였습니다.

그렇게 지내다 보니 어느덧 영실은 열 살 듬직한 소년이 되어 있었습니다.

"영실아, 어미 왔다."

그때 어둠을 헤치고 반가운 얼굴이 나타났습니다.

영실은 지난 기억의 숲에서 벌떡 깨어났습니다.

그날따라 늦게 관청에서 돌아온 어머니가 보따리를 풀며 말했습니다.

"영실아, 오래 기다렸지? 이것 좀 먹어 보아라."

"어머니, 이건 과일과 떡 아니에요?"

과일과 떡은 명절 때나 겨우 먹을 수 있는 귀한 음식이었습니다.

"오늘이 장날이라 그동안 한 푼 두 푼 모은 돈으로 사 왔단다."

그렇게 말하는 어머니의 얼굴이 까만 하늘만큼이나 어두웠습니다.

"오늘은 네가 이 세상에 태어난 날이란다."

떡 하나를 입에 물고 오물거리던 영실은 갑자기 이상한 생각이 들었습니다. 영실이 떡을 꿀꺽 삼키고 불안한 눈빛으로 물었습니다.

"어머니, 무슨 일이에요?"

"영실아, 너는 이제 열 살이 넘었으니 관청에 들어가 살아야 한단다."

"예? 제가 관가로 들어간다고요?"

"그래, 나처럼 관가에 몸이 매인 사람의 자식은 열 살이 되면 싫든 좋든 관가에 들어가야 하는 게 나라의 법이란다."

"어머니하고 살면 안 돼요?"

영실의 말에 어머니가 굳은 표정으로 대답했습니다.

"싫어도 참아야 해. 마음 단단히 먹고, 관가에 들어가면 부지런히 일을 배우도록 해라. 그래야 남의 천대를 받지 않는단다."

어머니와 헤어져 낯선 관가로 들어간다 생각하니 영실은 눈앞이 캄캄해졌습니다.

 손재주가 뛰어난 노비

가을걷이가 끝난 텅 빈 들판은 꼭 영실의 마음 같았습니다.

"어머니가 편히 살 수 있도록 준비해 놓고 떠나자."

어머니가 말렸지만 영실은 힘이 닿는 대로 이것저것 일을 해 놓았습니다.

그리고 찬바람이 불 무렵, 영실은 집을 떠나게 되었습니다.

"어머니, 제 걱정은 하지 마세요. 제가 없어도 끼니 잘 챙겨 드셔야 합니다."

환하게 웃는 얼굴로 말하는 영실을 보고 사람들이 말했습니다.

"저것 좀 보게나. 열 살 어린아이가 어찌 저리 속이 깊은지."

"영실아, 이제 고장 난 장난감은 누구에게 고쳐 달라고 하지?"

마을 아이들도 섭섭하다는 듯이 영실의 손을 잡았습니다.

영실이 동래현의 관아에 도착하니 노비들이 하나둘 모여들었습니다.

"네 나이가 몇이더냐?"

가장 나이 많은 노비가 물었습니다.

"열 살입니다."

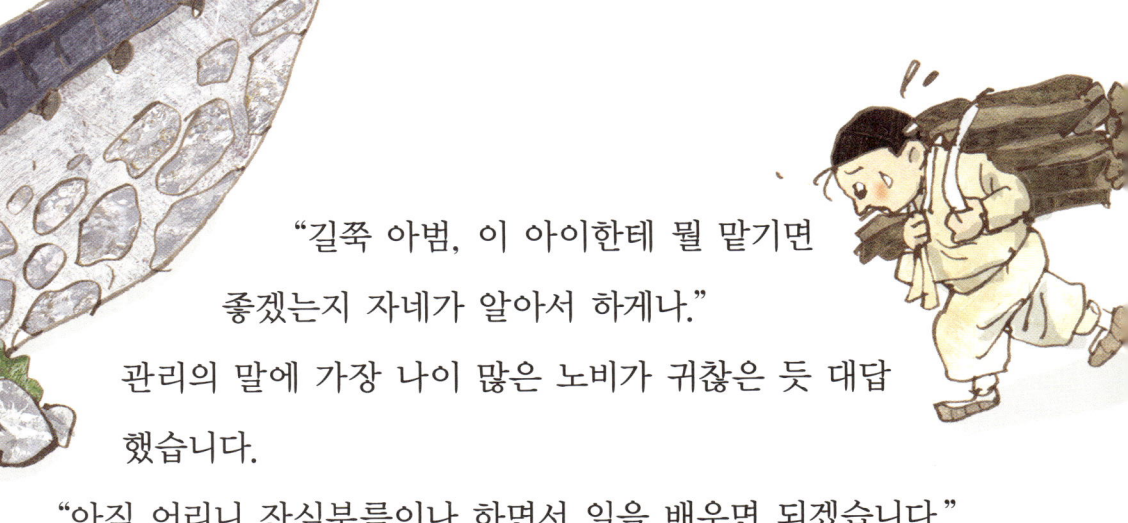

"길쭉 아범, 이 아이한테 뭘 맡기면 좋겠는지 자네가 알아서 하게나."
관리의 말에 가장 나이 많은 노비가 귀찮은 듯 대답했습니다.
"아직 어리니 잔심부름이나 하면서 일을 배우면 되겠습니다."
길쭉 아범이라고 불린 남자가 영실의 아래위를 훑어보며 말했습니다. 영실은 아침 일찍 일어나 관가의 넓은 마당을 쓸고, 끼니 때마다 이 방 저 방 밥상을 들어 날랐습니다. 그뿐만 아니라 물 긷는 일, 장작 패는 일, 구들방에 불 때는 일도 모두 영실이 차지였습니다.

어느 날, 쌀가마니를 창고에 옮기는 일을 할 때였습니다. 노비들이 서로 눈짓을 주고 받더니 쌀가마니를 어깨에 짊어지고 이리 비틀 저리 비틀대는 영실을 일부러 툭 치고 지나갔습니다. 그 바람에 영실은 쌀가마니와 함께 뒤로 벌러덩 넘어졌습니다.

"이 녀석아, 너 잠깐이라도 쉬려고 일부러 넘어진 거지?"

노비들이 몰려와 한마디씩 했지만 영실은 씩 웃으며 아무 일도 없었다는 듯 툭툭 털고 일어섰습니다.

'어머니 말씀대로 어떤 어려움이 있더라도 참고 견뎌 내야 한다.'
영실의 머릿속에는 오직 그 생각뿐이었습니다.
다른 노비들이 코를 드르렁 골며 잘 때 영실은 책을 읽었습니다. 새벽녘이 되어 겨우 잠자리에 들면 홀로 계실 어머니 생각이 났습니다. 영실은 그럴 때마다 입술을 꽉 깨물었습니다.
"참고 또 참자. 그러다 보면 언젠가 좋은 날이 오겠지."
그렇게 눈코 뜰 새 없이 일을 하다 보니 몇 해가 훌쩍 지났습니다.
"나리, 저 녀석 말입니다."

길쭉 아범이 장작을 패고 있는 영실을 가리키며 사또에게 말했습니다.
　"그동안 쭉 지켜보았는데 성실하고 끈기도 있고 믿음직하니 이제 제대로 된 일을 맡겨도 되겠습니다."
　길쭉 아범의 추천으로 영실은 대장간에서 일을 하게 되었습니다.
　"이제부터 너는 여기서 칼이나 창 같은 무기와 호미, 가위, 문고리 같은 것들을 만들어 내면 된다."

길쭉 아범의 말에 영실은 고개를 끄덕였습니다. 이런 일은 영실이 가장 좋아하는 일이었습니다.

대장간 일은 불과 쇠를 다루기 때문에 몹시 고된 일이었습니다. 하지만 영실은 힘든 줄도 모르고 재미있게 일을 했습니다. 하루 종일 웃는 얼굴로 일을 하는 영실을 보고 대장간 사람들은 이해할 수 없다는 표정을 지었습니다.

　어느 날, 영실이 대장간 일을 마치고 우물 앞을 지날 때였습니다.

　"물을 날마다 길어야 하니 팔이 너무 아파."

　여자 노비들이 우물에서 물을 길며 하소연을 하고 있었습니다. 영실은 슬그머니 우물로 다가가 대신 물을 길어 주었습니다.

　"영실아, 고맙구나. 어린아이가 어쩌면 이렇게 마음 씀씀이가 넓으니?"

　그 말에 영실의 얼굴이 빨개졌습니다. 여자 노비들과 이렇게 가까이 마주보고 이야기하는 것은 처음이었습니다.

　"두레박이 여자들이 들기엔 너무 크네요."

　"하지만 두레박이 작으면 물을 조금밖에 뜰 수 없으니 어쩔 수 없단다."

물동이를 머리에 인 여자 노비들이 힘겹게 걸음을 옮겼습니다. 영실은 우두커니 서서 우물을 한참 들여다보았습니다.

"옳지! 좋은 생각이 떠올랐다. 밑에서 위로 끌어올리는 것보다는 위에서 밑으로 잡아 내리는 것이 힘이 덜 들 거야."

영실은 대장간으로 달려가 도움을 청했습니다.

"아저씨들, 저 좀 도와주세요. 지금 당장 우물가로 모여 주세요."

"키 큰 아저씨가 도와주셔야겠어요. 떨어지지 않게 튼튼히 만들어야 해요."

영실의 말에 따라 대장간 사람들이 힘을 모았습니다. 굵은 대나무를 잘라 단단한 장대에 끼워 넣어서 도르래 역할을 하도록 만들었습니다.

 영실이 줄을 당기자 물이 가득 든 두레박이 쉽게 올라왔습니다.

 "영실아, 너 정말 머리가 비상하구나!"

 "저 녀석, 천한 기생의 아들이라고 우습게 봤더니 머리 쓰는 게 여간 아니야."

 그날부터 관가에서는 답답한 일이 생기면 모두 영실을 찾아 도움을 청했습니다.

다음 해, 영실이 열일곱이 되던 해였습니다. 온 나라에 가뭄이 들어 논과 밭이 바삭바삭 타들어 갔습니다.

"큰일 났다. 이대로 가다간 작물들이 모두 말라죽을 거야."

"기우제를 지내도 소용없어. 하늘도 무심하시지."

"이러다간 흉년이 들어 모두 굶어 죽게 될 거야."

백성들은 말라 가는 논과 밭을 하염없이 바라보았습니다. 영실은 동래현 곳곳을 돌아다니며 구석구석 살펴보았습니다. 그러다 아직 물이 마르지 않은 개울과 연못을 발견했습니다. 그때 누군가 황급히 달려왔습니다. 바로 창고지기 아저씨였습니다.

"이보게, 영실이. 사또가 찾으시네."

사또가 핼쑥한 얼굴로 영실을 맞이했습니다.

"가뭄이 오래 계속되어 큰일이구나. 혹시 가뭄을 이길 방법이 없겠느냐?"

"있사옵니다."

영실의 말에 사또는 뛸 듯이 기뻐하였습니다.

"물수레를 만들어서 낮은 곳의 물을 퍼 올려 논밭에 대면 될 것입니다."

사또는 어리둥절한 얼굴로 영실을 바라보았습니다.
"가뭄이 들어 땅이 갈라지고 있는데 어디에 물이 있더란 말이냐? 게다가 물수레라니?"

영실은 차분하게 말을 이었습니다.

"여기서 십여 리 밖에 큰 개울이 있습니다. 그 개울물을 이 들판으로 끌어 들이면 됩니다."

"그 먼 곳에 있는 물을 어떻게 이곳까지 끌어온단 말이냐?"

"다행히 그곳은 이곳보다 지대가 높기 때문에 물길단 터 주면 쉽게 물을 끌어올 수 있을 것입니다."

사또는 고개를 끄덕였습니다. 사또의 허락이 떨어지자 영실은 곧 물레방아의 모형을 만들어 물을 퍼 올리는 실험을 해 보았습니다.

"무슨 수로 물을 끌어올리겠다는 거야?"

영실을 비웃는 사람들도 있었습니다. 하지만 영실은 모형을 조금씩 바꾸어 가며 계속 연구를 했습니다. 마침내 영실이 구상한 물수레가 완성되었습니다.

"개울과 논 사이에 물길을 낸 다음, 높낮이 차이가 심한 곳에 이 물수레를 장치하여 물을 퍼 올리면 됩니다."

"역시 네 손재주는 누구도 따라올 수가 없구나."

사또는 크게 기뻐하며 영실의 손을 꼭 잡았습니다.

사또는 물수레를 여러 대 만들라고 명했습니다. 또 곳곳에 있는 개울과 연못의 물을 논으로 통할 수 있도록 물길을 내는 작업을 지시했습니다.

"도랑을 만들다니, 말도 안 돼!"

"쳇! 영실이 그 녀석 말만 믿고 이런 터무니없는 일을 시키다니!"

그런데 사람들의 불평 속에서 누군가 중얼거렸습니다.

"그래도 가만히 있다가 굶어 죽는 것보다 뭔가 해 보는 게 낫지 않겠어?"

그 말에 힘입어 여기저기서 말이 튀어나왔습니다.

"그래, 그래, 맞는 말일세. 투덜대지 말고 해 보자고!"

"영실이가 짜낸 생각이라니까 한번 믿어 봄세. 그 녀석이 그동안 한 일을 보면 꽤 괜찮았잖아?"

사람들은 영실의 설계에 따라 도랑을 파기 시작했습니다. 그리고 불과 보름 만에 공사가 마무리되었습니다.

"자, 이제는 물을 끌어올리겠습니다."

영실이 설치한 물수레가 힘차게 물을 끌어올려 도랑으로 흘려보냈습니다. 물줄기는 파 놓은 도랑을 타고 흘러갔습니다. 십여 리 밖 개울물이 도랑을 타고 흘러 말라붙은 논밭에 닿자 사람들이 크게 기뻐하며 외쳤습니다.

"물이 도착했다!"

"와아, 살았다!"

이 소문은 영남 지방 전체로 퍼져 나가 각 고을마다 영실이 고안한 기구로 물을 퍼 올렸습니다. 동래현은 심한 가뭄을 거뜬히 이겨 냈습니다.

 임금님의 부르심

물 수레를 만들어 가뭄을 이겨 낸 후부터, 사람들은 모이기만 하면 장영실 얘기로 꽃을 피웠습니다.

"영실이 머리에서는 어떻게 그런 기발한 생각이 나오는지 몰라."

"아무튼 영실이 덕분에 굶어 죽지 않게 됐어."

"그런데 말이야, 벼슬도 못하는데 똑똑해 봤자 뭐 하누?"

"천민의 자식으로 태어나지만 않았어도……."

어떤 아낙들은 이런 얘기를 하며 눈물을 찍어 내기도 했습니다. 영실은 남들이 하는 얘기에는 관심이 없었습니다. 연구하고 궁리하여 새로운 물건을 만들고, 고장 난 것을 고치고, 짬짬이 보고 싶은 책을 마음껏 읽을 수 있으니 그게 행복이라고 생각했습니다.

그런 어느 날, 사또가 부른다는 전갈이 왔습니다. 사또의 얼굴은 다른 날과 다르게 상기되어 있었습니다. 그 모습에 영실도 살짝 긴장이 되었습니다.

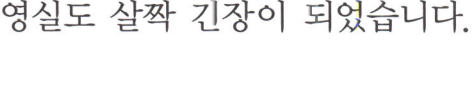

"영실아, 이 나라의 임금님이 어떤 분인지 아느냐?"

난데없는 질문에 영실은 당황했습니다. 동래현은 조선 땅 남쪽에 위치하고 있어 한양에서 멀리 떨어진 곳이었습니다. 그러니 대궐 소식은 그저 바람결에 들려오는 것을 들을 뿐이었습니다.

"임금님이 도천법을 시행하고 있다."

"도천법이 무엇입니까?"

처음 들어 보는 말에 영실은 눈을 동그랗게 떴습니다.

"도천법이란 세상에 묻혀 있는 인재를 찾아내기 위한 방법이지. 과거를 통해 인재를 뽑는 대신, 신분을 가리지 않고 인재를 추천하게 하는 제도이니라."

사또는 잠시 숨을 고르고 다시 말을 이었습니다.

"너처럼 뛰어난 재주를 가진 아이가 관가의 노비로 일생을 보낸다는 건 나라의 큰 손실이라고 생각했다. 그래서 그동안 네가 해 온 일들을 자세히 적어 경상도 관찰사에게 보냈더니 오늘 답장이 왔구나."

사또의 말에 영실의 가슴이 콩닥콩닥 뛰기 시작했습니다.

"자, 네가 직접 읽어 보거라."

영실은 떨리는 손으로 사또가 건네주는 서찰(편지)을 받아들고 읽었습니다.

"그동안 여러 인재들을 추천받았으나 마땅한 인물이 없었소. 그런데 동래현에서 추천한 장영실은 참 합당한 인물이라고 생각되는구려. 그래서 경상도에서는 장영실을 추천하기로 했소."

영실은 믿을 수가 없어 서찰을 읽고 또 읽었습니다.

"세상에 이런 일이 일어나다니!"

영실은 제 뺨을 꼬집고 때려 보았습니다. 아픈 걸 보니 분명 꿈은 아니었습니다.

"허허허, 그렇게도 좋으냐? 조금 더 기다려 보면 한양에서 무슨 소식이 있을 게다."

사또는 자기 일처럼 기뻐하며 말했습니다.

한 번도 가 보지 못한 한양의 모습을 그리며 영실은 소식이 오기만을 기다렸습니다.

그렇게 기다리던 어느 날, 사또가 영실을 급히 불렀습니다.

"내일 당장 한양으로 떠나야 한다. 임금님께서 속히 올려 보내라는 어명을 내리셨단다."

사또의 말이 끝나자, 영실은 깊이 머리를 조아리며 감사의 인사를 올렸습니다.

"사또, 고맙습니다. 천한 저를 위해 이렇게까지 관심을 기울여 주시니 어찌할 바를 모르겠습니다."

영실의 말에 사또가 껄껄 웃으며 말했습니다.

"영실아, 솔직히 말하면 나는 너를 보내고 싶지 않구나. 우리 동래현으로서는 큰 보물을 잃어버리는 것과 같으니까 말이다. 하지만 어쩌겠느냐? 나라를 위해 큰일을 하는 게 우선 아니겠느냐."

영실은 어머니에게 하직 인사도 못한 채 급히 보따리를 쌌습니다.

"뭐? 영실이가 한양으로 떠난다고?"

"이제 영실이 팔자가 바뀌게 되겠구나."

"워낙 손재주가 뛰어나고 성실하니까 복을 받는 거지."

부엌에서 일하는 여자 노비들은 먹을 것을 챙겨 주고, 남자 노비들은 짚신 몇 켤레를 챙겨 주었습니다.

다음 날, 영실은 사또를 따라 관찰사가 있는 경상도 감영으로 갔습니다. 관찰사는 한양으로 떠나기 전까지 대궐에서 지켜야 할 몸가짐과 법도를 자세히 가르쳐 주었습니다.

"한 가지를 가르쳐 주면 열을 아는 걸 보니 역시 머리가 좋은 아이로구나."

드디어 한양에 도착하여 대궐에 들어섰습니다. 영실은 대궐의 웅장함에 깜짝 놀랐습니다.

"꼼꼼히 살펴보거라. 그렇게 주눅 들 필요는 없느니라."

영실은 관찰사를 따라 이조 판서가 있는 관청으로 갔습니다. 관리를 뽑거나 어느 곳에서 일해야 할지를 정해 주는 곳이었습니다.

"동래현에서 온 장영실 인사 올립니다."

장영실은 이조 판서 앞에 나아가 공손히 절을 하였습니다.

"네 소문은 익히 들어서 알고 있다. 앞으로 공조로 가서 네 재주를 마음껏 펼쳐 보거라."

'공조? 공조에서는 무슨 일을 하는 거지?'

영실의 마음을 읽기라도 한 듯 관찰사가 자세히 설명해 주었습니다.

"공조란 공업, 임업을 맡아서 다스리는 관청인데 아마도 영실이 너와 아주 잘 맞을 것이다."

공조에 간 영실은 입이 딱 벌어졌습니다. 창고처럼 생긴 작업실은 동래현의 창고와는 비교할 수 없을 만큼 넓었습니다. 게다가 이제껏 한 번도 보지 못한 공구들이 잔뜩 있었습니다.

하지만 공조에서 일하는 것이 쉽지만은 않았습니다.

"쳇, 천민이 여기가 어디라고 들어와?"

"세상이 어떻게 되려고 천민이 뻐젓이 대궐에서 활개를 치나."

영실이 지나가면 공조에서 일하는 사람들이 따가운 눈초리를 보냈기 때문이었습니다.

'사람들에게 배척을 받을수록 진심을 다해 일하자. 성심껏 일하자.'

이러한 영실의 진심이 통했는지 시간이 지나면서 사람들의 마음이 점점 바뀌기 시작했습니다.

"장영실의 손재주는 누구도 따라갈 수가 없어."

"게다가 성실하고 머리 또한 비상해서 무슨 일을 맡겨도 척척 해내는걸!"

곧 대궐 안의 여러 가지 기구들을 수리하거나 만드는 것은 영실의 몫이 되었습니다. 영실이 만들면 다른 사람들이 만든 것보다 훨씬 편리했습니다.

 천문학에 한 걸음 다가가다

영실이 궁궐에 들어오고 얼마 지나지 않아 임금님이 바뀌었습니다. 태종의 셋째 아들인 세종이 임금 자리에 올랐습니다.

어느 날, 많은 신하들이 늘어선 가운데 장영실은 임금님 앞에 불려갔습니다.

"나의 아버지 태종은 네 솜씨를 아끼셔서 너를 대궐로 불러들이셨다. 나 또한 너의 솜씨를 무척 아끼고 있다. 그런 의미에서 너에게 한 가지 질문을 하겠다. 우리나라가 발전시켜야 할 것이 무엇이라고 생각하느냐?"

갑작스런 세종의 질문에 영실은 숨이 막힐 듯 떨렸지만 차분하게 대답을 했습니다.

"하늘의 움직임을 연구하는 천문학을 발전시켜야 한다고 생각합니다. 농사를 잘 짓도록 하는 데 도움을 주기 위함이지요."

"오호! 어찌 내 생각과 그리 똑같으냐?"

세종은 놀랍다는 듯 영실을 뚫어지게 바라보았습니다. 영실은 세종이 묻는 자연 현상에 대해서도 막힘없이 대답을 했습니다. 그러자 세종은 흡족한 얼굴로 주위 신하들을 둘러보았습니다.

"내 오늘, 장영실에게 벼슬을 내리고자 하오."

세종의 말에 신하들이 술렁거렸습니다. 한 신하가 엎드려 간곡하게 말했습니다.

"전하! 장영실이 비록 재주 있고 약간의 공이 있다 하나 벼슬까지 내리는 것은 아니 되옵니다."

"어째서 안 된다고 하는 것이오?"

"장영실은 동래현의 관노 출신이옵니다. 벼슬을 내리시는 것은 옳지 못한 일입니다."

"흠, 앞으로 이 나라의 중요한 일을 할 사람에게 벼슬을 내리는 것이 옳지 못하다고!"

세종이 벌떡 일어서서 큰소리로 말했습니다.

"경들은 나의 선친 태종께서 도천법을 실시한 것을 잊었소? 귀천을 따지지 않고 널리 인재를 등용하여 나라를 발전시키자는 그 뜻을 벌써 잊었단 말이오?

내 뜻은 이미 정해졌으니 그리 알고 어떤 벼슬을 내리면 좋을지 말들을 해 보시오."

"……."

대신들은 아무 말도 하지 않았습니다. 그러자 세종이 명을 내렸습니다.

"장영실에게 상의원 별좌 벼슬을 내리겠노라."

영실은 깜짝 놀라 임금님께 절을 올렸습니다. 상의원 별좌란 임금이 입는 옷과 궁중에서 쓰는 여러 가지 물품을 만들어 내는 직책이었습니다.

벼슬을 얻었지만 대궐 생활이 마냥 편한 것만은 아니었습니다. 오랫동안 만나지 못한 어머니의 얼굴이 눈앞에 어른거렸기 때문이었습니다.

'나는 이렇게 비단옷에 기름진 음식을 먹고 있건만 어머니는 아직도 양반들의 술 시중이나 들고 계시니…….'

그리고 대궐에는 영실을 인정하는 대신들도 있었지만 따가운 눈초리를 보내는 대신들도 많았습니다. 그럴 때마다 영실은 자신을 다독였습니다.

"누가 뭐라고 하는 건 아무 상관없어. 내게 맡겨진 일을 최선을 다해 하면 돼."

열심히 일한 덕분에 얼마 후 장영실은 상의원 별좌에서 행사직으로 승진이 되었습니다.

어느 날, 세종은 장영실에게 평소 관심이 많았던 천문학에 대한 이야기를 꺼냈습니다.

"명나라(지금의 중국)에서는 하늘의 별자리를 관측하여 농사에 필요한 지식을 얻는다고 하오. 우리도 하루 빨리 천문 지리(하늘과 땅의 이치)에 대해서 연구를 해야 할 것이오. 농사를 잘 지으려면 자연의 이치를 잘 알고 이용해야 하지 않겠소? 그러니 천문을 관측할 수 있는 기구를 만들도록 하오."

장영실은 그날부터 중국에서 들여온 천문 지리에 관한 책을 펴 놓고 밤낮으로 연구했습니다. 그것만이 임금님의 은혜에 보답하는 길이라고 생각했기 때문이었습니다.

"천문에 대한 연구나 기술은 아라비아 사람들이 가장 뛰어나다. 중국에서는 그 기술을 들여다가 농사에 이용하고 있는 것이고. 하지만 문제는 그 기술을 모두 비밀로 하고 있다는 거야. 중국 책을 아무리 보아도 자세한 설명이 없어서 도무지 알 수가 없다. 아, 어떻게 하지?"

장영실은 답답한 마음에 밖으로 나와 하늘을 올려다 보았습니다. 예전에도 밤하늘을 보면 뭔가 좋은 생각이 떠오르곤 했습니다.

"그래! 중국에 직접 가서 기술을 배워 오는 거야!"

다음 날, 대궐로 간 영실은 임금님에게 청을 올렸습니다. 영실의 생각을 들은 세종은 흔쾌히 허락을 했습니다. 얼마 후, 장영실은 중국으로 건너갔습니다.

"별자리를 관측하는 기구, 혼천의를 보고 싶습니다."

장영실의 말에 중국 관리들은 고개를 세게 저었습니다. 영실은 포기하지 않고 도리어 중국 관리들을 설득하기 시작했습니다.

"중국의 보물인 혼천의를 보고 가지 않고서 어찌 천하 제일 중국을 구경했다고 할 수 있겠소이까? 그러고도 중국이 대국이라고 할 수 있겠소?"

장영실의 끈질긴 요청에 마침내 중국 관리들도 고집을 꺾었습니다.

"절대로 손을 대서도 안 되고, 그림을 그려서도 안 되오. 그저 잠깐 보기만 하시오."

중국 관리가 신신당부를 하며 혼천의가 있는 곳으로 장영실을 데리고 갔습니다. 장영실은 잠깐 혼천의를 보는 동안 혼천의의 모양을 머릿속에 그려 넣었습니다. 혼천의는 매우 정교하고 복잡한 구조였지만 눈썰미가 좋은 장영실은 단번에 기구의 짜임새와 원리를 알아냈습니다.

장영실은 조선으로 돌아오자마자 작업을 시작했습니다. 중국에서 본 것을 떠올리며 비슷한 기구를 만들어 보기로 했습니다.

그러던 어느 날이었습니다. 장영실은 눈금을 칼로 새기다가 그만 오른손을 다치고 말았습니다.

상처는 그다지 깊지 않았지만 한동안 오른손을 사용할 수 없게 되었습니다.

그 소식을 듣고 이천 대감이 장영실을 찾아왔습니다.

"자네의 손은 지금 나라를 위해 중요한 일을 하고 있다네. 그런데 이렇게 중요한 순간에 손을 다치다니…."

이천이 걱정스러운 듯 영실을 바라보았습니다. 하지만 영실은 아무 말도 하지 않았습니다. 영실이 걱정하는 건 자신의 오른손이 아니었습니다. 영실의 눈가가 놀빛처럼 붉어졌습니다.

"이제 노비 신분을 벗고 떳떳한 관리가 되었는데 왜 얼굴이 늘 어두운가? 무슨 걱정거리라도 있나?"

장영실은 잠시 고민을 하다 어머니 이야기를 조심스레 꺼냈습니다.

"제 어머니는 관기로서 양반들 시중을 들며 살고 계시지요. 여전히 외롭게 고생하고 있을 어머니 생각만 하면 가슴이 아픕니다."

장영실의 고민을 들은 이천은 고개를 끄덕였습니다.

"그랬구만. 자네 소원대로 될지는 모르겠지만 임금님께 말씀은 드려 보겠네."

얼마 뒤 이천이 싱글벙글 웃으며 장영실을 찾아왔습니다.

"여보게, 기뻐하게나. 임금님께서 자네 어머니를 관기 신분에서 빼 주시겠다고 약속하셨네. 그뿐만 아니라 자네와 같이 살도록 허락도 해 주셨다네."

장영실은 그 자리에 털썩 주저앉아 감격의 눈물을 흘렸습니다. 그리고 곧바로 임금님이 계신 궁궐을 향하여 큰절을 올렸습니다.

"상감마마, 성은이 망극하옵나이다. 이 은혜 죽을 때까지 잊지 않겠사옵니다."

이천은 그런 영실을 흐뭇한 얼굴로 바라보았습니다.

"이런 임금님을 만난 것도 모두 자네가 쌓은 덕이 많아서가 아니겠는가. 그러니 얼른 고향에 다녀오게나."

"고맙습니다, 대감."

장영실은 이천에게 고개 숙여 감사의 인사를 했습니다.

말을 타고 고향으로 가는 내내 영실의 마음은 두근거렸습니다. 서울에서 경상도까지는 꽤 먼 길이었습니다. 주위 풍경이 아름다웠지만 영실의 눈에는 그런 풍경이 하나도 들어오지 않았습니다. 오로지 빨리 고향에 도착하여 어머니를 만나고 싶은 마음뿐이었습니다.

드디어 저 멀리 동래현이 보이기 시작했습니다. 들에서 일하던 마을 사람들은 말을 타고 오는 영실을 보고 깜짝 놀랐습니다.

"아니, 저게 누군가? 영실이 아닌가?"

"세상에! 영실이가 저렇게 늠름한 관리가 되어 오다니!"

장영실은 마을 사람들 한 명 한 명에게 고개 숙여 인사했습니다.

"될 성 부른 나무 떡잎부터 알아본다더니 그 말이 딱 맞았어."

"맞아, 맞아. 영실은 손재주도 뛰어나고 머리도 좋은 아이였지."

집 앞에 도착한 영실은 말에서 뛰어내려 마당으로 들어섰습니다. 옛집은 세월의 흔적을 고스란히 드러내고 있었습니다.

초가지붕은 낡아서 무너질 듯 위태로워 보였고 돌로 쌓은 담은 군데군데 허물어져 내렸습니다.

"어머니, 저 왔어요! 영실이가 왔어요!"

영실의 목소리에 어머니가 버선발로 뛰어나왔습니다.

"아이고, 이게 누구냐? 진짜 우리 영실이가 맞는가?"

"어머니! 이 불효자를 용서하십시오."

영실이 큰절을 올리자, 어머니가 영실을 부둥켜안았습니다.

"네가 불효자라니 무슨 소리냐? 이렇게 당당하게 관리가 되어 돌아왔으니 나는 이제 죽어도 여한이 없다."

10년 만에 만난 어머니는 주름살이 많이 늘어 있었습니다. 장영실은 어머니를 모시고 한양으로 올라왔습니다. 한양으로 올라와 작은 집도 한 채 얻고, 어머니가 그토록 원하던 장가도 들었습니다.

"어머니, 이제부터 아무 걱정 마시고 편히 지내십시오."

장영실은 가슴을 누르고 있던 체증이 내려간 듯 마음이 편안해졌습니다. 이천과 함께 밤낮을 가리지 않고 다시 연구에 몰두했습니다. 그러나 쉽게 방법을 찾을 수가 없었습니다.

"도저히 만들 자신이 없어. 아무리 해도 잘 안 풀리네. 잠시 바람 좀 쐬고 와야겠다."

장영실은 일이 잘 안 풀릴 때마다 밤하늘을 바라보는 습관을 갖고 있었습니다. 영실은 깜깜한 밤하늘을 쳐다보며 하늘의 별자리를 살폈습니다.

'무언가 방법이 생각날 것 같기도 한데……'

그렇게 오랜 시간 동안 고민하고 연구한 끝에 장영실은 마침내 간의를 만들었습니다. 천체의 위치를 측정하는 기구였습니다.

임금님은 무척 기뻐하며 장영실과 이천을 칭찬했습니다.

"훌륭하오. 이제야 우리도 천문 관측을 제대로 할 수 있게 되었구려. 앞으로 더 연구하여 농사에 도움이 되는 기구를 많이 만들어 내도록 하오."

장영실과 이천은 그것에 만족하지 않고 계속 연구하여 간의보다 더 훌륭한 기구를 만들어 냈습니다.

"상감마마, 이 기구는 해와 달과 별의 움직임을 알고 그 위치를 관측하는 기구이옵니다. 이름은 혼천의입니다."

장영실의 말에 세종은 흐뭇한 미소를 지었습니다.

"해, 달, 별의 움직임을 재는 장치, 그리고 동서남북 방위를 재는 장치가 함께 어울려 있군요."

"예, 그렇습니다. 해와 달과 별이 어디로 지나가며 어느 위치에 와 있는지를 알 수 있는 기구이옵니다."

세종은 활짝 웃으며 흥분한 목소리로 말했습니다.

"그러니까 천체가 움직이는 모습을 한눈에 볼 수 있다는 것이지요. 그렇지 않소? 간의에 이어 혼천의까지 만들어 내다니 참 대단하오. 그대의 열성과 재주를 높이 치하하오."

혼천의의 발명으로 장영실은 정4품 호군이라는 더 높은 벼슬에 올랐습니다. 하지만 역시 이런 장영실을 시기하는 사람들이 많았습니다. 함께 일하던 관리 중에는 대놓고 장영실을 욕하는 사람도 있었습니다.

"한낱 노비였던 사람이 이제는 우리보다 높은 자리에 앉다니! 말도 안 되는 일이 벌어졌어!"

하지만 시기하는 사람들만 있는 것은 아니었습니다.

"장영실은 교만에 빠지거나 자기 공을 내세우지 않소."

"맞소이다. 우리도 배울 건 배워야지요."

장영실은 하늘의 이치를 따지고 천문 기구를 만드는 게 즐거워 그런 것에 신경을 쓸 시간이 없었습니다.

"간의대를 만드는 것이 어떻겠소? 원래는 서운관이라는 천문대가 있긴 하지만 경복궁의 경회루에 한번 크게 지어 보시오. 그리고 여태까지 만든 모든 기구들을 그곳에 두도록 하오."

세종은 틈이 나는 대로 간의대에 들러 장영실을 격려하였습니다.

"그대가 세자에게 천문에 대한 지식과 우주의 이치를 가르쳐 줬으면 하오."

장영실은 세자와 함께 천문과 우주에 대해 많은 이야기를 나누었습니다. 스무 살이 채 안된 세자는 아버지 세종을 많이 닮았습니다. 아버지 세종과 마찬가지로 천문에 대해 관심도 많았습니다.

발명으로 세상을
편리하게 하다

"그나저나 짐에게 고민이 하나 생겼소."

세종의 말에 장영실의 귀가 번쩍 뜨였습니다.

"강한 나라가 되려면 학문이 발달해야 하오. 학문이 발달하기 위해서는 좋은 책을 많이 펴내야 하는데 지금 사용 중인 활자는 크기나 모양에 있어서 불편한 점이 있소. 새로운 활자를 만들어 보시오."

세종의 명에 따라 장영실은 공조 참판이 된 이천과 함께 금속 활자 만드는 일을 시작하였습니다.

"고려 때 금속 활자를 만들어 《상정예문》이란 책을 인쇄한 적이 있다는 것은 알고 있나?"

이천의 물음에 장영실의 얼굴이 붉어졌습니다.

"대감, 부끄럽지만 잘 모르옵니다. 하지만 대감께서 전하의 명을 받아 경자자 만드는 일을 주도하신 것은 잘 알고 있습니다."

장영실의 말에 이천이 웃으며 말했습니다.

"자네는 나보다 재능이 많고 손재주가 뛰어나니 기대가 많소."

"대감의 깊고 넓은 가르침을 받겠습니다. 많이 가르쳐 주십시오."

장영실이 고개를 숙여 청하자, 이천이 활짝 웃으며 대답했습니다.

"자네는 언제 봐도 겸손하구먼. 우리 이번에도 잘해 보세."

장영실과 이천은 새 활자를 만들기 전에 우선 앞서 만들어진 활자인 계미자와 경자자의 단점을 일일이 점검하였습니다.

그러고 난 후, 활자를 만드는 주자소에 틀어박힌 채 여러 가지 쇠를 녹여 서로 비교해 보며 활자를 만들었습니다. 쇠를 녹이는 일은 무척 어려웠습니다. 쇳물에 덴 장영실의 몸은 성한 데가 없었습니다. 그래도 장영실은 비지땀을 흘리며 활자를 만들고 또 만들었습니다.
그런 노력 끝에 1434년 갑인년에 구리를 녹여 만든 활자가 완성되었습니다.
"갑인년에 만들었으니 이 활자를 갑인자로 이름 붙이면 되겠소."
세종이 기뻐하며 말했습니다.

그러자 곁에 있던 이천이 갑인자에 대해 설명했습니다.

"갑인자는 이십여 만 자로 글자 수도 많고 글자 모양도 아름답고 뚜렷해 하루에 많은 양의 책을 찍어 낼 수 있습니다. 장영실과 김돈, 김빈 등 여러 사람의 노력과 도움으로 만들어진 활자입니다."

세종은 장영실을 비롯한 여러 사람의 공을 치하하고 또 치하했습니다.

기쁜 일은 또 하나 있었습니다. 장영실이 김빈 등과 함께 새로운 물시계를 만들어 낸 것이었습니다.

사실 이미 2년 전에 장영실은 물시계를 만들었습니다. 낮에는 종을 치고 밤에는 북을 쳐서 밤낮의 시간을 구분하는 원리로 만들어진 것이었습니다.

그런데 물시계를 꼼꼼히 살펴본 세종이 몇 가지 문제점을 지적하였습니다.

"항아리의 물이 바닥나면 누군가 물을 부어야 하지요? 또 눈금이 차면 누군가 북을 쳐서 시간을 알려야 하지요?"

장영실은 무슨 뜻인지 금세 알아챘습니다. 그동안 물시계를 지키는 관리가 시각을 잘못 알려 큰 벌을 받은 일이 종종 일어나곤 했습니다.

"종일 사람이 지키고 있을 수는 없지 않소? 그러니 사람이 지키고 있지 않아도 시간이 되면 저절로 북이 울리게 하는 방도를 생각해 보시오."

물시계의 단점을 완벽하게 파악한 세종의 명석함과 꼼꼼함에 장영실은 깜짝 놀랐습니다.

세종은 덧붙여 말했습니다.

"시각을 자동으로 알려 주는 인형을 만드는 게 어떻겠소? 그러면 물시계를 지키는 관리의 노고도 덜어 줄 수 있고, 벌을 받을 일도 없을 터인데."

그러한 세종의 명에 의해 2년 여에 걸쳐 연구를 거듭한 끝에 새로운 물시계를 만든 것이었습니다.

"내가 생각했던 그대로요! 그대가 아니었다면 누구도 만들지 못했을 것이오!"

세종은 크게 기뻐하며 새 물시계에 '자격루'라는 이름을 붙여 주었습니다. '스스로 치는 물시계'라는 뜻이었습니다.
　1434년 7월, 드디어 자격루가 울렸습니다. 그때부터 자격루는 나라의 공식적인 표준 시계로 사용되었습니다.
　그러나 영실의 마음은 편치 않았습니다.
　"자격루를 완성시켰는데 무엇 때문에 고민을 하십니까?"
　잠 못 이루는 영실을 보며 아내가 걱정스러운 듯 말했습니다.

"자격루에는 큰 단점이 있다오. 자격루를 만들려면 돈이 많이 들고 시간도 오래 걸려 여러 사람들이 이용하기가 쉽지 않다는 거요."

"그렇다면 예전에 있던 그림자 시계를 다시 만들어 보는 것은 어떨지요? 그거라면 널리 이용할 수 있을 듯한데요."

아내의 말에 장영실은 손뼉을 딱 쳤습니다.

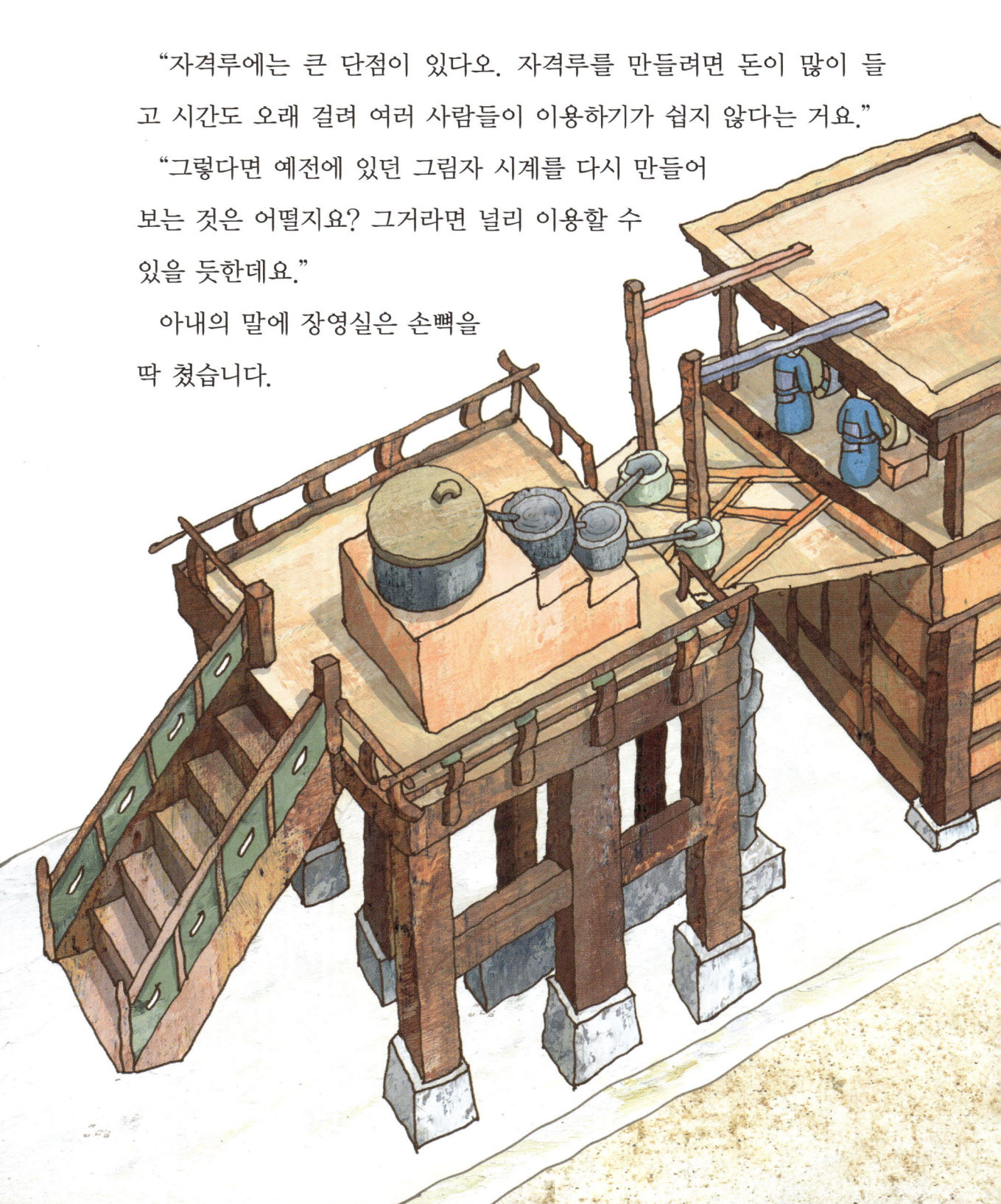

"그렇군요. 무조건 새것을 만들기보다 낡은 것을 고쳐 쓰는 것도 좋은 생각이오."

장영실은 낡은 방식의 그림자 시계를 과학적으로 다시 설계하여 '앙부일구'라는 해시계를 만들었습니다. 이 시계는 만들기도 쉬울 뿐만 아니라 비용도 적게 들었습니다.

"역시 장영실, 그대의 지혜는 따를 수가 없구려."

세종은 다시 한번 영실을 치하했습니다.

"여봐라, 이 해시계를 모든 백성들이 두루 볼 수 있도록 종묘 남쪽과 혜정교 옆에 각각 설치하라."

거리에 해시계가 내걸리자 백성들의 생활은 더욱 편해졌습니다.
"어, 시간이 벌써 이렇게 됐나?"
"지금 몇 시나 됐지? 늦었군, 빨리 가야겠어."
장영실은 그런 모습을 보면 기쁘기도 했지만, 한편으론 여전히 아쉬움이 남았습니다.

'자격루는 시각을 알리는 구실만 하고 혼천의는 천체의 움직임을 관측할 뿐이다. 그럼, 계절의 변화와 시간의 흐름을 한꺼번에 알아보게 할 수는 없을까?'

 그런 고민 끝에 만들어 낸 것이 자격루와 혼천의를 합친 '옥루'라는 자동 물시계였습니다. 옥루는 계절의 변화와 시간의 흐름을 보여 주는 장치였습니다.

자격루가 만들어지고 4년째 되던 겨울, 매서운 추위가 살갗을 파고드는 날이었습니다. 조정 대신들이 경복궁 뜰로 모여들었습니다.

"무엇 때문에 이 추운 날 모이라는 거지요?"

"장영실이 발명한 옥루라는 것을 작동시킨다고 들었소이다."

장영실을 못마땅해 하는 신하들이 투덜거렸습니다.

세종이 눈짓을 보내자, 장영실은 옥루를 작동시켰습니다. 경복궁 뜰에 흐르는 시냇물의 힘으로 물레바퀴가 돌아가자 모든 장치가 서서히 움직이기 시작했습니다. 물이 떨어지는 힘에 의해 옥으로 만든 인형이 종을 치며 시각을 알렸습니다.

"신선이 사는 나라에 온 것 같구려. 그대에게 불가능한 건 도대체 무엇이오?"

세종뿐만 아니라 대신들도 놀란 얼굴이었습니다.

"경복궁 안에 흠경각을 지어 옥루를 설치하라."

그 후, 흠경각에 옥루를 맡아 보는 관리를 두어 각 관청에 그때그때 시각을 알려 주었습니다. 그러면 각 관청은 이것에 맞춰 하루 일을 시작하기도 하고 끝내기도 하였습니다.

어느 날, 세자가 장영실을 불렀습니다. 세자는 허약하기는 하지만 강단 있는 스물여덟 청년으로 멋지게 자랐습니다. 장차 이 나라의 임금이 될 분이라 그런지 나랏일에 관심이 무척 많았습니다.

"과학적으로 농사를 짓기 위해서는 해마다 내리는 비의 양을 측정할 필요가 있다고 생각하오. 그대 생각은 어떠한가?"

"예, 맞사옵니다. 세자 저하께서 그 일을 하고 계시다고 들었습니다."

장영실의 말에 세자가 진지하게 말했습니다.

"비 온 뒤에 땅을 파서 젖어 들어간 깊이를 재게 하였소. 그렇게 하니 정확한 깊이를 알 수 없더군요. 그래서 기구를 하나 만들어 고인 빗물의 깊이를 조사해 보았지만 뭔가 부족한 느낌이 들었지요. 이제 그대가 좀 더 완벽한 기구를 만들어 주었으면 하오."

세자의 말에 장영실은 마음속으로 깊이 감탄했습니다.

'비가 제때에 알맞게 내리느냐 아니냐에 따라 풍년이 되기도 하고 흉년이 되기도 한다. 그래서 장마나 가뭄에 대비하기 위해서는 계절과 지역에 따라 비가 내리는 양을 알아 두는 것이 꼭 필요한 것이지. 다른 임금들도 이것의 필요성은 알았을 게다. 하지만 누구도 이것을 해결할 방법을 찾지는 않았어. 그런데 세자가 그 방법을 찾고 있었다니.'

그날부터 장영실은 연구를 계속한 끝에 비의 양을 재는 원통 모양의 구리 그릇을 만들었습니다.

"이 기구에 빗물을 받아 눈금으로 깊이를 잰 다음, 땅 넓이를 곱해서 일정한 지역에 내린 비의 양을 알아낼 수 있습니다. 그리고 그것을 날짜별로 적어 두었다가 이듬해 농사철에 농부들에게 알려 미리 가뭄과 장마에 대비토록 할 수 있습니다."

세종은 장영실의 설명을 듣고 매우 기뻐했습니다. 그리고 그동안 비가 내리는 양을 재기 위해 고심한 세자에게도 칭찬의 말을 건넸습니다.

"세자, 네가 그토록 원하던 기구가 완성되었구나. 이 기구를 측우기라고 이름을 붙이도록 하겠다. 이 측우기는 백성들이 농사를 짓는 데 큰 도움이 될 것이다. 측우기를 여러 개 만들어 각 고을에 내려보내고, 다달이 비의 양을 적어 올리도록 하겠노라."

측우기를 만들면서 장영실은 강물의 깊이를 재는 '수표'도 만들었습니다. 수표는 긴 돌기둥에 눈금을 새겨 강바닥에 세운 것으로, 장마가 져 물이 차오르면 강가에 사는 사람들을 높은 곳으로 대피시킬 수 있었습니다.

"청계천에 새 다리를 만들고, 거기에 수표를 설치하도록 하라."
 수표가 세워지자 사람들은 빗물이 넘치는 것을 막기 위해 디리 둑을 쌓아 올렸습니다. 장마철을 미리 대비하니 사람과 집이 떠내려가는 것을 막을 수 있었습니다. 그리하여 백성들의 살림살이는 점점 나아졌습니다.

🍲 부서진 가마

장영실이 한양에 올라온 지도 어느덧 20여 년이 되었습니다. 잠시 발명에 쓸 구리를 캐느라고 경상도에 내려가 있기도 했지만 대부분 한양에 머물며 발명에만 힘을 쏟았습니다.

어느 날, 대궐에서 새로운 명이 내려왔습니다.

"임금님이 타실 새 가마를 만들라."

장영실은 다른 일로 바빴습니다. 하지만 세종이 탈 가마라고 생각하니 마음이 들떴습니다.

"천한 노비를 데려다 사람대접을 해 주신 임금님을 위해 내 정성을 다해 만들어 보리라."

이렇게 다짐을 한 장영실은 설계에 들어갔습니다.

"이제까지 임금님이 타던 가마는 중국 것을 본뜬 것이라 모양이 우습고 색깔도 우중충했었다. 이번에는 가마의 지붕도 조금 다르게 하고, 대궐의 단청을 본떠 밝고 화려하게 만들 것이다."

설계를 마치자 장영실은 곧 뛰어난 목수들을 불러 가마를 만들라고 명했습니다.

"임금님이 타실 가마입니다. 온 정성을 다해 만들어야 합니다."

장영실은 시간이 날 때마다 가마 만드는 곳에 가서 당부를 하였습니다. 장영실이 가마를 만들고 있다는 이야기를 전해들은 세종은 입가에 미소를 지었습니다.

"보나마나 내 마음에 쏙 들 것이다. 종묘에서 제사를 지낼 때 이 가마를 쓰겠노라."

장영실은 세종이 자신을 굳게 믿는다는 생각에 기분이 좋았습니다.

그런데 어느 날, 가마에 구슬을 달아 만든 주렴(구슬 따위를 실에 꿰어 만든 발)을 달던 사람이 발이 삐끗하면서 넘어졌습니다. 그러자 가마의 한쪽 면이 부서지고 말았습니다.

평소 장영실을 시기하고 못마땅해 하던 대신들이 가만히 있을 리 없었습니다.

"장영실을 내쫓을 좋은 기회요."

대신들은 입을 모아 장영실에게 벌을 내려야 한다고 주장했습니다.

"일부러 그런 것이 아니라고 해도 죄를 벗어날 수 없습니다."
"임금님의 가마를 부실하게 만든 죄를 물어야 할 것입니다."
"다치지 않았으니 그만하시오."

세종이 아무리 만류해도 소용없었습니다.

곧 장영실과 가마를 만들던 사람들은 의금부(죄를 다스리던 관청)로 끌려갔습니다.

"네가 지은 죄는 죽어 마땅하나 상감께서 특별히 용서를 하셔 곤장 백 대를 내리노라."

장영실은 고개를 떨군 채 눈물을 뚝뚝 흘렸습니다.
'나는 어떤 벌을 받아도 할 말이 없다.'
그러나 장영실을 아끼는 세종은 마음이 아팠습니다.
"그동안 세운 공을 생각해 곤장 팔십 대로 낮추도록 하라."
피투성이가 되어 의금부를 나온 장영실이 집으로 돌아오자 아내는 말없이 눈물을 흘렸습니다. 몸을 겨우 추스른 다음, 장영실은 아내와 함께 깊은 산속으로 들어갔습니다.

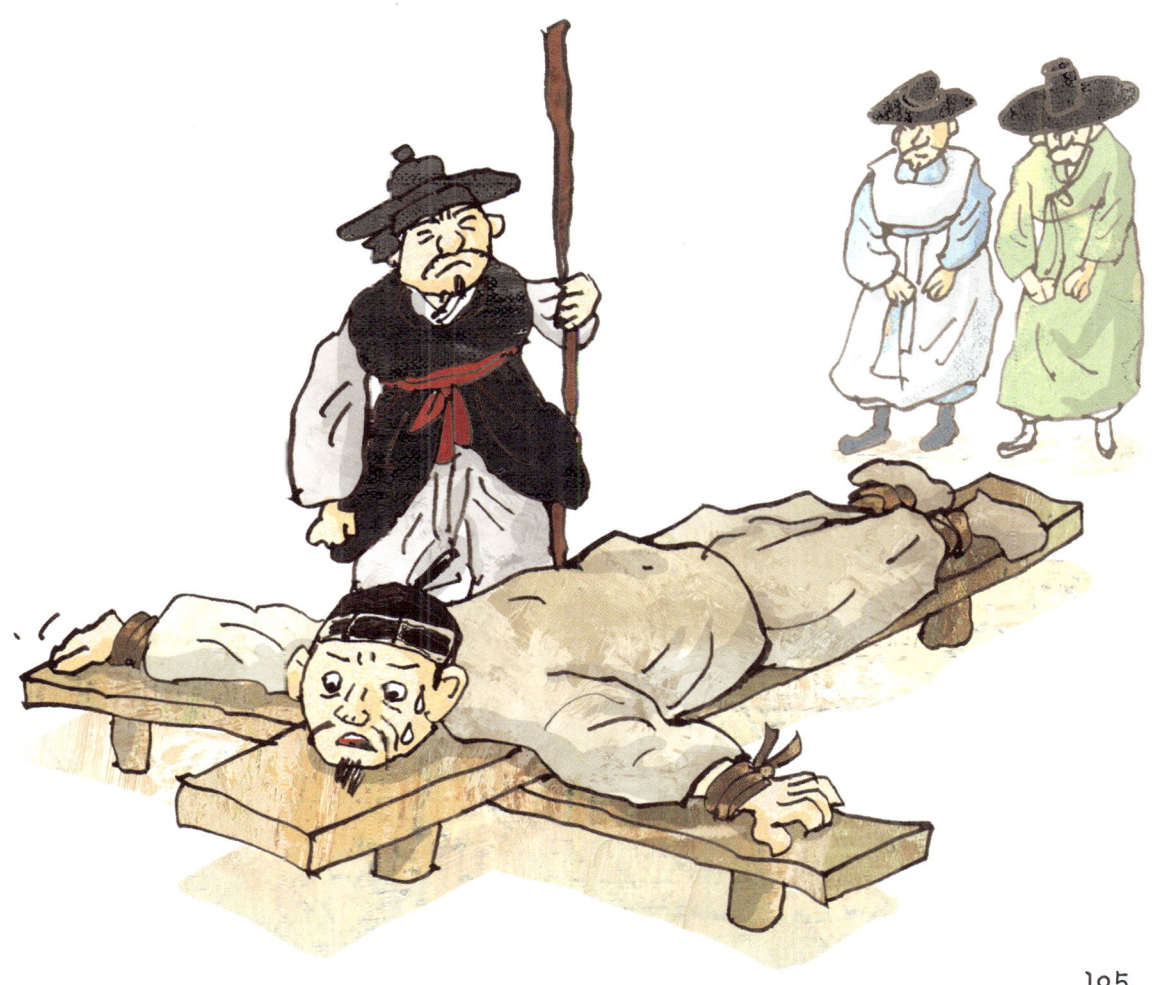

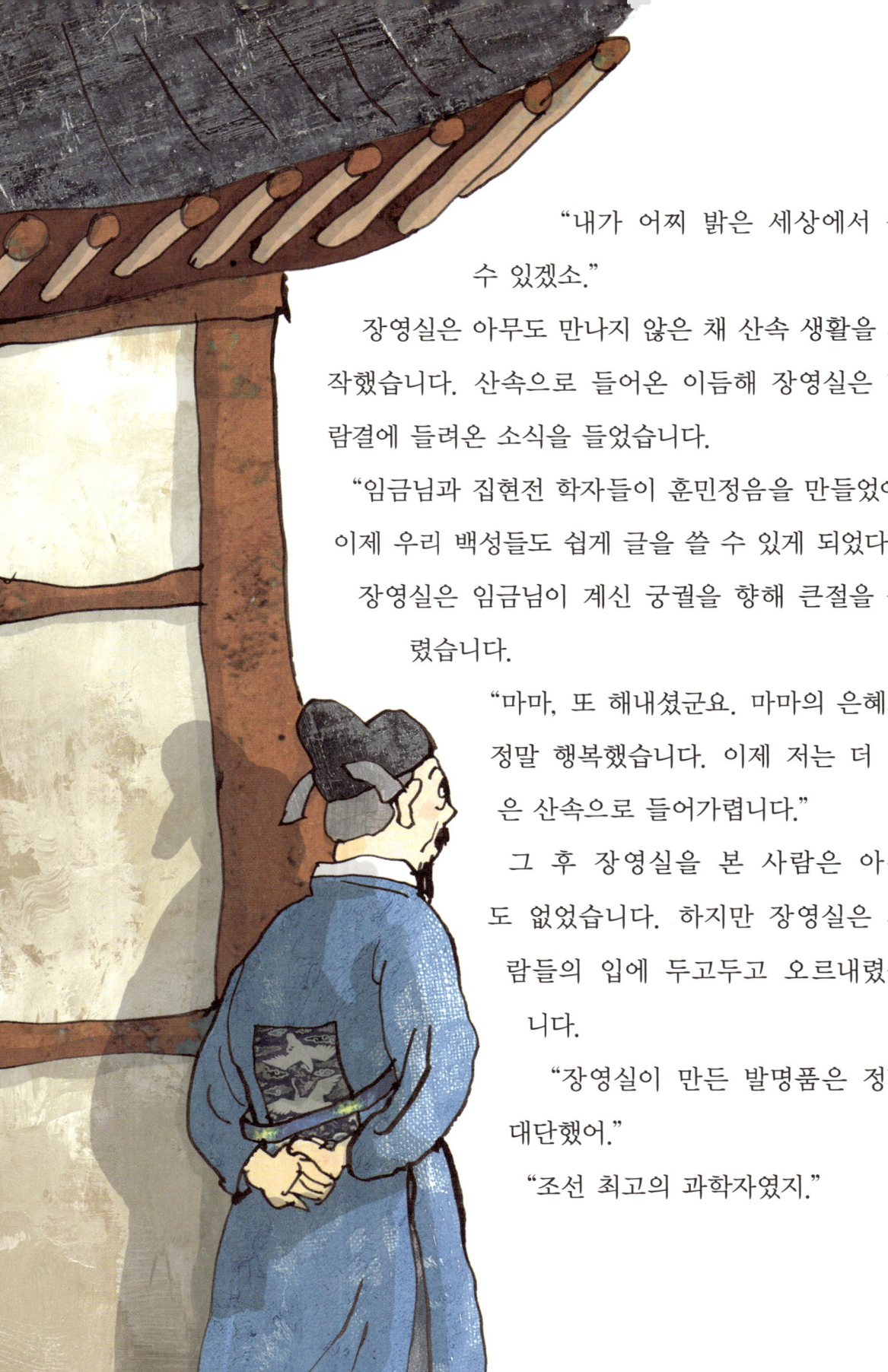

"내가 어찌 밝은 세상에서 살 수 있겠소."

장영실은 아무도 만나지 않은 채 산속 생활을 시작했습니다. 산속으로 들어온 이듬해 장영실은 바람결에 들려온 소식을 들었습니다.

"임금님과 집현전 학자들이 훈민정음을 만들었어! 이제 우리 백성들도 쉽게 글을 쓸 수 있게 되었다!"

장영실은 임금님이 계신 궁궐을 향해 큰절을 올렸습니다.

"마마, 또 해내셨군요. 마마의 은혜로 정말 행복했습니다. 이제 저는 더 깊은 산속으로 들어가렵니다."

그 후 장영실을 본 사람은 아무도 없었습니다. 하지만 장영실은 사람들의 입에 두고두고 오르내렸습니다.

"장영실이 만든 발명품은 정말 대단했어."

"조선 최고의 과학자였지."

"가마만 부서지지 않았다면 장영실이 만든 또 다른 발명품을 만날 수 있었을 텐데……."

대궐의 대신들도, 함께 각종 기구를 만들고 연구했던 사람들도, 또 장영실의 발명품으로 편리한 생활을 누렸던 백성들도 장영실을 잊지 못했습니다.

"그 사람의 머릿속에는 오로지 새로운 것을 만들 생각뿐이었지. 그렇게 뛰어난 과학자를 잃다니……."

이천은 장영실을 떠올리며 저 멀리 산을 바라보았습니다.

 # 장영실의 위대한 발명품

조선의 세종 대왕이 나라를 다스리던 시기는 우리나라의 과학 문화가 매우 발달한 때예요. 그리고 그 중심에는 장영실이 있어요. 세종 대왕의 명을 받아 장영실이 만든 위대한 발명품에는 어떤 것들이 있는지 자세히 알아볼까요?

자격루

시각을 알기 위해 만든 물시계예요. 자격루라는 이름은 '스스로 치는 물시계'라는 뜻이에요. 왼쪽의 큰 항아리에서 흘러내린 물이 그다음 항아리들로 흘러내리게 되고, 또 다시 가운데 큰 기둥 안으로 흘러내리게 만들어져 있어요. 큰 기둥 안에 물이 차면 그 안의 쇠구슬이 떨어지면서 그 힘으로 오른쪽에 있는 인형들을 움직여서 종, 북, 징을 치게 되어 있어요. 세종의 지시로 1434년에 장영실이 만든 이 자격루는 지금 남아 있지 않아요. 대신 이 자격루를 고쳐서 중종 때 만든 자격루의 일부가 덕수궁에 남아 있어요.

혼천의

해와 달과 별의 움직임과 위치를 측정하는 기구예요. 세종은 혼천의를 완성시키기 위해 중국으로 장영실 등을 보냈는데 자세한 정보를 얻지는 못했어요. 하지만 중국 혼천의의 구조와 성능을 보고 온 후 연구 끝에 1434년 우리만의 혼천의를 만들었지요. 나중에는 자동으로 시간을 알려 주는 혼천시계로 발전되었는데, 지금 남아 있는 혼천의는 현종 때 만든 혼천시계의 일부분이에요.

측우기

빗물을 받아서 비가 온 양(강우량)을 재는 기구예요. 주로 농사를 지으며 먹고 살았던 옛날에는 강우량이 농사가 잘되느냐 아니냐를 결정하는 큰 역할을 했지요. 그래서 비가 오는 양을 측정하고 예측하여 농사를 짓는 데에 도움을 받고자 만든 것이 측우기예요. 세종의 아들인 문종이 세자였을 때, 가뭄이 계속되는 것을 걱정하여 빗물의 양을 재려고 했어요. 그래서 측우기를 만들게 된 것이에요. 1442년 세종 때 만들어진 측우기는 지금 남아 있지 않고, 헌종 따 만들어진 금영 측우기만 남아 있어요. 금영 측우기는 높이 31.5센티미터, 지름 15.3센티미터의 크기예요.

수표

강물의 높이를 재기 위해서 만든 것이에요. 비가 많이 오면 강물이 넘쳐서 홍수가 나기도 하고, 비가 적게 오면 가뭄이 들어 강물의 양이 줄어들어요. 수표를 강에 설치해서 강물의 높이가 어떻게 변하는지를 보면 홍수나 가뭄을 미리 예상하고 대비할 수 있어요. 세종 때 만들어진 수표는 지금 남아 있지 않고, 성종 때 청계천에 세운 수표가 남아 있어요. 높이 3미터, 폭 20센티미터의 돌기둥으로 만들어진 것인데, 곁에 눈금이 표시되어 있어요.

간의

혼천의를 좀 더 간단하게 만든 것으로, 하늘의 해와 별과 달의 위치를 재는 관측기구예요. 각도기와 비슷한 구조로 되어 있어요. 1432년 장영실이 만든 간의는 나무로 된 것이고, 이후 구리로 만들어졌어요.

앙부일구

해의 그림자로 시각을 알려 주는 해시계예요. 구리로 만들어져 있고, 솥 모양으로 생겨서 '앙부일구'라고 불렸어요. 앙부일구 안에는 시각을 알 수 있는 시각선과 절기를 알 수 있는 계절선이 그려져 있어서 시각뿐만 아니라 절기를 알 수 있어요. 절기는 해의 위치에 따라서 한 해를 24로 나눈 것이에요. 앙부일구에 달린 시계 바늘의 그림자가 시각선의 어디를 가리키는지를 보고 시각을 알 수 있고, 계절선의 어디를 가리키는지를 보고 절기를 알 수 있어요. 세종 때인 1434년에 만들어진 앙부일구는 임진왜란 때 없어졌어요.

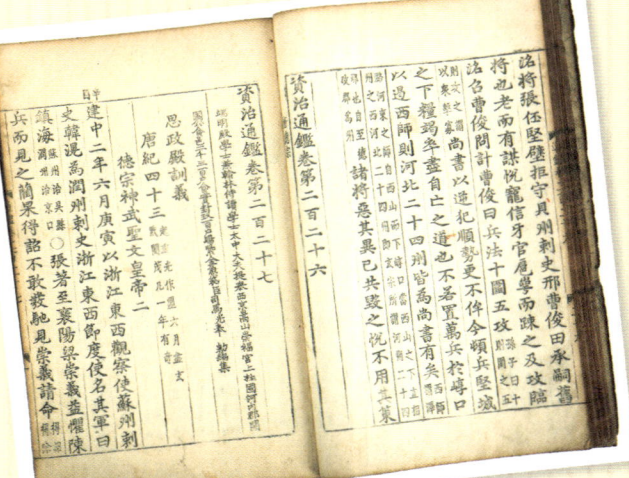

갑인자

갑인년인 1434년에 만들어진 활자예요. 그 전에 있던 활자는 가늘고 보기 어려워서 좀 더 큰 활자인 갑인자를 새로 만들었어요. 무려 20만 자가 넘는데, 장영실을 비롯하여 당시의 뛰어난 과학자들이 만들었기 때문에 활자의 모양이 바르고 크기가 골라 높은 가치를 인정받고 있어요. 왼쪽 사진에 있는 《자치통감》 권 226~229는 갑인자로 만들어진 책이에요.

옥루

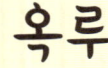

자격루를 더욱 발전시켜 만든 자동 천문 시계예요. 1438년에 만들어졌어요. 옥루는 2미터 정도 높이의 산을 만들고 그 주위에 금으로 만든 해와 오색 구름이 지나도록 만들어져 있어요. 그리고 옥으로 만든 옥녀, 4개의 신을 비롯한 37개의 인형이 때에 맞춰서 종, 북, 징을 치게 되어 있어요. 안에 설치된 옥루기륜이 물을 흐르게 만드는데, 물이 흐르며 모든 것이 자동으로 움직이지요. 매우 정교하고 아름다운 장치였지만 지금은 남아 있지 않아요.

초등 저학년을 위한 첫 역사책!

안녕? 역사야 (전9권)

<안녕? 역사야> 시리즈는

도깨비들이 과거로 날아가 역사의 궁금증을 풀어 주는 재미난 형식의 책입니다.
초등학교 한국사 교과서 내용을 아주 쉽게 알려주는 <안녕? 한국사>와
세계를 바라보는 넓은 시야를 갖게 해 주는 <안녕? 중국사> 세트로 구성되어 있습니다.
저학년의 눈높이에 맞춘 내용과 그림, 그리고 전문가의 꼼꼼한 감수까지 거친
<안녕? 역사야> 시리즈는 진정한 의미의 저학년 첫 역사책입니다.

안녕? 한국사 (전6권)

1권 **선사 시대** 우리 조상이 곰이라고?
2권 **삼국 시대** 최후의 승자는 누구일까?
3권 **고려 시대** 우리나라는 왜 코리아일까?
4권 **조선 시대①** 조선에 에디슨이 살았다고?
5권 **조선 시대②** 조선은 왜 망했을까?
6권 **근현대** 우리는 왜 남북으로 갈라졌을까?

글그림 백명식 | 감수 김동운(전 국사편찬위원회 교육연구관)
각 권 90쪽 내외

안녕? 중국사 (전3권)

1권 **고대** 중국 역사의 시작
2권 **중세** 통일된 중국, 세계에 우뚝 서다
3권 **근현대** 중국에 부는 변화의 바람

글 이한우리, 송민성 | 그림 이용규 | 감수 이근명(한국 외대 사학과 교수)
각 권 80쪽 내외